JOHN ADAMS

La lucha por la independencia de Estados Unidos

Por Eloi Piet
En colaboración con Thomas Jacquemin
Traducido por Laura Soler Pinson

JOHN ADAMS

- **¿Nacimiento?** El 30 de octubre de 1735 en Braintree (actual Quincy, Massachusetts).
- **¿Muerte?** El 4 de julio de 1826 en la misma ciudad.
- **¿Partido político?** Partido Federalista.
- **¿Fechas de las elecciones?** 1796/1797.
- **¿Duración del mandato?** Cuatro años.
- **¿Principales aportaciones?**
    - Su contribución a la guerra de Independencia estadounidense.
    - El apaciguamiento de las tensiones con la Francia revolucionaria, pero también a nivel interno, entre los federalistas y los republicanos.
    - El fortalecimiento de la justicia federal.
    - La puesta a punto de una importante flota de guerra.

«La fama debería ser el eterno propósito de mis pensamientos y el objetivo de mi conducta»[1] (Pencak 2000). John Adams está lejos de imaginar el destino excepcional que lo espera cuando confiesa con estas palabras su hambre de gloria al principio de sus estudios. Este líder destacable de la guerra de Independencia (1775-1782) se convierte en el primer vicepresidente de Estados Unidos de América (1789-1797) y, a continuación, inicia su mandato como presidente (1797-1801).

Sin embargo, a pesar de su brillante currículo, cabe señalar

---

1. Cita traducida por 50Minutos.es

que actualmente John Adams no goza de la fama a la que aspiraba. En efecto, es un gran desconocido para el público general europeo e, incluso, ha caído en el olvido para los estadounidenses. Como presidente, no aparece representado en ningún billete de banco, al contrario que George Washington (1732-1799), Thomas Jefferson (1743-1826) o Benjamin Franklin (filósofo, físico y hombre de Estado estadounidense, 1706-1790) que, de hecho, jamás ejerció la función suprema. Es como si Estados Unidos relegara a John Adams a un papel secundario en la historia al negarle este reconocimiento. Sin embargo, vistos los hechos destacables de su vida y de su mandato, llegamos rápidamente a la conclusión de que desempeñó un papel fundamental en la unión de Estados Unidos. Sin su acción, el semblante de Estados Unidos podría haber sido muy diferente.

BIOGRAFÍA

Retrato de John Adams.

UNOS ORÍGENES MODESTOS

John Adams nace el 30 de octubre de 1735 en Braintree, en Massachusetts, entonces colonia británica, y crece en una familia modesta puritana. Su padre, John Adams senior (1691-1760), es un zapatero aplicado y severo, mientras que su madre, Susanna Boylston (1708-1797), es un ama de casa iletrada. Su infancia rural le permite probar la pesca y la caza, a la vez que alberga el sueño de convertirse algún día en granjero. Pero esta elección profesional no gusta un ápice a su padre, que prefiere enviar a su hijo a Harvard para que siga un camino que ya ha tomado su tío Joseph Adams. Por aquel entonces, esta institución, que más adelante será la universidad más antigua de Estados Unidos, no es más que un colegio adonde acuden los jóvenes de buena familia de las colonias inglesas de América para estudiar derecho. Aunque la educación religiosa le desagrada un poco, John Adams muestra interés por el derecho, la historia, la filosofía y la teoría política.

Obtiene el título de Harvard en 1755, luego enseña durante un tiempo en Worcester, donde ha estudiado derecho, y a continuación se instala en Braintree, en 1758. No se muestra muy entusiasmado ante la idea de efectuar una carrera extensa como abogado, a pesar de que ejerce la profesión durante un tiempo, ya que quiere ser una personalidad importante.

UN LÍDER DE LA REVOLUCIÓN ESTADOUNIDENSE

Pero el destino le depara otra cosa. Se está gestando un estado de guerra latente entre la Corona británica y sus trece colonias de América a partir de 1775. Ante esta situación que se anuncia caótica, John Adams decide unirse al primer Congreso Continental que se celebra en Filadelfia. Adams, partidario de la ruptura con Gran Bretaña, convence a los otros delegados de la necesidad de declarar la independencia de las colonias. Así sucede el 4 de julio de 1776, fecha en la que nacen los Estados Unidos de América.

En seguida, John Adams trabaja para poner a punto una administración estadounidense. En febrero de 1778, va a Francia para negociar un tratado de alianza y construir una red diplomática en Europa. Su misión se salda con éxito y participa en la firma del Tratado de París (septiembre de 1783) con el que Londres reconoce la independencia de Estados Unidos. Es aclamado a su regreso a Estados Unidos en 1788 y se presenta a la primera elección presidencial, pero fracasa frente a George Washington. No obstante, accede al cargo de vicepresidente y se presenta a las elecciones de 1796, que acaba ganando.

UNA PRESIDENCIA AGITADA

Desde el inicio de su mandato, el nuevo presidente se ve enfrentado a grandes dificultades. La relación entre Estados Unidos y Francia no deja de deteriorarse desde la Revolución francesa (1789), lo que pone a los dos países al borde de una guerra entre 1798 y 1800. Este estado de crisis también se perfila dentro de Estados Unidos, donde demócratas y federalistas se oponen peligrosamente. John Adams, muy criticado por su gestión prudente de la crisis, hace todo lo que está en su mano para evitar que las tensiones desemboquen en una guerra civil. Esta posición lo vuelve impopular dentro de su propio partido, que lo respalda tímidamente durante las elecciones de 1800. Pierde por poco frente a su antiguo amigo y jefe demócrata, Thomas Jefferson, y debe abandonar la Casa Blanca, que se encuentra en construcción.

UN RETIRO EN QUINCY

Decepcionado, John Adams se retira junto a su familia a su ciudad natal de Quincy. No obstante, como buen perdedor, respalda a Jefferson cuando emite el embargo contra los barcos mercantes británicos en 1807. En 1812, muestra su apoyo al presidente James Madison (1751-1836) durante la guerra anglo estadounidense.

Cuando su mujer fallece en 1818, pierde a una compañera de viaje irremplazable. Abigail Adams (1744-1818), mente brillante a favor de la participación de las mujeres en la vida política, no dejó de apoyarlo y de aconsejarlo a lo largo de toda su carrera.

John Adams muere el 4 de julio de 1826 a los 90 años, es decir, cincuenta años después de la Declaración de Independencia estadounidense.

Como hombre de convicciones, John Adams soporta reproches a lo largo de toda su carrera. Incluso cuando hace años que ha abandonado la Casa Blanca, al final de su vida se publican libros que critican su presidencia y su papel en la Revolución estadounidense. Aunque la polémica relacionada con su acción se va calmando tras su muerte, los historiadores de la joven república estadounidense, encargados de escribir su historia, únicamente otorgan un papel secundario a John Adams, al que consideran demasiado indeciso y reaccionario. Habrá que esperar a casi dos siglos después para que sea rehabilitado en cierta medida y que su papel sea reconocido. Así, cuando en 2001 David McCullough (historiador estadounidense, nacido en 1933) publica una biografía del presidente, cosecha un gran éxito. Siete años más tarde, incluso se convierte en el protagonista de una miniserie estadounidense. No obstante, queda camino por recorrer para este «coloso de la independencia», tal y como lo describía Thomas Jefferson, para que se le conozca mejor en Europa, donde participó activamente en la independencia estadounidense.

CONTEXTO POLÍTICO, SOCIAL Y ECONÓMICO

LAS TRECE COLONIAS

Desde principios del siglo XVII, la monarquía inglesa se apodera de la costa atlántica de América, desde el norte de la Florida actual, regida por los españoles, hasta el sur de la desembocadura del río San Lorenzo, donde los franceses llevan a cabo la colonización de Canadá. En este amplio espacio bajo dominación inglesa, los indios son empujados progresivamente hacia los Apalaches y se fundan las Trece Colonias. De norte a sur, nacen Massachusetts, Nuevo Hampshire, Rhode Island, Connecticut, Nueva York, Pensilvania, Nueva Jersey, Delaware, Maryland, Virginia, Carolina del Norte, Carolina del Sur y Georgia. Sin embargo, estos territorios presentan grandes diferencias:

- las colonias del norte (Nuevo Hampshire, Massachusetts, Rhode Island y Connecticut) se ven muy influenciadas por el puritanismo de sus colonos, que provienen de las sectas protestantes perseguidas en Inglaterra y que muestran una cierta rigidez religiosa. Marcadas por un artesanado próspero y por la construcción naval, se desarrollan alrededor del puerto de Boston y se las llama «Nueva Inglaterra»;
- las colonias del centro (Nueva York, Pensilvania, Nueva Jersey, Delaware y Maryland) están pobladas por colonos ingleses, holandeses y alemanes, que forman ricas comunidades agrarias más indulgentes que los puritanos de Nueva Inglaterra. Los cuáqueros de Pensilvania practican

la tolerancia religiosa en su colonia y predican la no violencia;

- las colonias del sur (Virginia, Georgia y Carolina del Norte y del Sur) se distinguen por la exportación masiva hacia Europa de artículos coloniales (azúcar, algodón, tabaco), producidos por esclavos africanos. La parte sur del territorio está marcada por un conservadurismo político importante que justifica la esclavitud.

Así, las trece colonias inglesas de América, independientes unas de otras, presentan importantes diferencias, tanto a nivel económico como religioso y cultural. En realidad, el único nexo de unión es su obediencia a la Corona británica.

LA GUERRA DE LOS SIETE AÑOS Y SUS CONSECUENCIAS

Sin embargo, cuando John Adams se instala como abogado en Braintree en 1758, las cosas están cambiando. Desde hace dos años, Inglaterra está en guerra con Francia con el objetivo de obtener la hegemonía colonial en América, en las Indias y en las Antillas. Situados en Canadá, los franceses y sus aliados indios llevan a cabo incursiones por el norte. En ese momento, las Trece Colonias, amenazadas, toman conciencia de su comunidad de intereses y, bajo la bandera británica, participan en la conquista de Canadá.

Tras la guerra de los Siete Años (1756-1763), la Corona inglesa, que ha salido triunfante, está en condiciones de aplicar una *pax britannica* («paz británica») en una Norteamérica fiel al gobierno inglés y a la que promete una plaza nada desdeñable en la vida política local. Pero se produce todo lo contrario. Cuando Inglaterra coloniza Norteamérica, pasa por alto la instauración de una administración centralizada por considerarla demasiado cara y deja que las colonias se organicen según sus propias leyes. A cambio de esta autonomía relativa, los colonos ingleses no están representados en la Cámara de los Comunes en Westminster.

Aunque es cierto que, durante el conflicto, las milicias de colonos estadounidenses han participado en la derrota francesa, son sobre todo las tropas británicas y la temible Royal Navy las que han inclinado la balanza. No obstante, a pesar de su triunfo, las pérdidas son considerables. Así, para subsanarlas, el gobierno inglés obliga a los colonos de

América a pagar una contribución, ya que estima que deben participar en el esfuerzo dado que, gracias a la guerra, su comercio ya no se ve amenazado.

Para ello, en febrero de 1763, Gran Bretaña decide aumentar los impuestos en las Trece Colonias sin haberlo consultado con ellas previamente, ya que no están representadas en la Cámara de los Comunes. Pero esta medida arbitraria indigna a John Adams y a toda la clase política de las colonias. Como descendientes de súbditos ingleses, todos consideran que no pueden ser sometidos a impuestos votados en una asamblea de la que son excluidos. Tras tres años de enfrentamientos relacionados con la imposición sobre el té, la tensión va un paso más allá cuando los habitantes de Boston, disfrazados de indios, se apropian de un barco inglés cargado con este producto y tiran su carga al mar: es el Boston Tea Party (16 de diciembre de 1773).

Ilustración del Boston Tea Party en la que se ve cómo los habitantes de Boston tiran el té al mar.

Para Londres, esta insolencia tiene que ser la última y se adoptan medidas: se abole la autonomía de Massachusetts, se cierra el puerto de Boston y se envían tropas británicas a la ciudad para restablecer el orden.

EL BOSTON TEA PARTY

Los colonos estadounidenses, con unos impuestos excesivos y considerados ciudadanos de segunda, difícilmente soportan la política fiscal que viene de Inglaterra y que no deja de endurecerse. A partir de 1773, la Compañía Inglesa de las Indias Orientales obtiene el monopolio de la venta de té sobre suelo estadounidense. Excluidos del mercado, los comerciantes de Boston protestan contra la medida adoptada y la población los respalda en su acción, negándose a consumir el té impuesto.

Como castigo, Inglaterra instaura una serie de leyes restrictivas que los colonos consideran intolerables (Intolerable Acts, leyes llamadas Coercive Acts o Punitive Acts en Inglaterra). Rápidamente, Boston se convierte en la mártir de la causa estadounidense, que se radicaliza.

INDIGNACIÓN E INDEPENDENCIA

John Adams, que hasta entonces se ha mostrado prudente y preocupado por la legalidad, está escandalizado por los últimos acontecimientos. Indignado por el aumento de los impuestos, milita contra ellos en los periódicos de Boston, ciudad donde, de hecho, se instala en 1765.

Tres años más tarde, se reconocen los talentos del joven abogado tras el caso de contrabando que ha enfrentado a John Hancock (armador, 1737-1793) con Thomas Hutchinson (gobernador inglés de Boston, 1711-1780). Un año más tarde, cuando John Adams defiende a un marino estadounidense acusado de haber agredido a un oficial inglés, Hutchinson prefiere exculpar al acusado incluso antes del juicio, ya que quiere evitar que John Adams aproveche su alegato para denunciar los abusos de la administración inglesa. Sin embargo, no es el más peligroso de los descontentos de Boston, que se han agrupado en un club llamado Sons of Liberty («Hijos de la libertad»), controlado por su primo rico, Samuel Adams (político estadounidense, 1722-1803). En 1770, John Adams, que confía en poder llegar a una solución pacífica en el conflicto con Gran Bretaña, acepta defender a siete soldados ingleses acusados de haber disparado sin previo aviso a una multitud durante un motín. Aunque John Adams pierde algunos clientes al defender esta causa impopular, gana una reputación de acero tanto ante la administración inglesa como ante los líderes independentistas estadounidenses.

Gracias a esta nueva popularidad, los líderes independentistas estadounidenses le proponen que represente a Massachusetts en el Congreso Continental, que se reúne en Pensilvania en septiembre de 1774 para aportar una respuesta unida de las colonias a la actitud del gobierno de Londres. Dado que ya había destacado al denunciar la injerencia londinense en la asamblea de Massachusetts tres años antes, Adams acepta la oferta. Cree que ha llegado la hora de que las colonias se independicen, aunque esta opinión no es compartida por todos los delegados que se envían al Congreso. Si bien es cierto que todos están indignados por los impuestos que llegan desde Londres y están desconcertados por la represión que se ha producido en Boston, muchos piensan que todavía es posible negociar con la capital inglesa.

Las colonias del norte, asfixiadas por los impuestos y movidas por un odio feroz a la tiranía, se declaran a favor de la independencia, mientras que las del sur, muy estrechamente ligadas al comercio con Inglaterra y dominadas por aristocracias conservadoras, no tienen ninguna gana de romper la relación. Por su parte, las colonias del centro se muestran más divididas y prefieren contemporizar. Entonces, cuando en octubre de 1774 se suspende el Congreso, John Adams no logra convencer a los delegados de que la ruptura es inevitable, aunque el desarrollo de los acontecimientos acabará por darle la razón.

LA DECLARACIÓN DE INDEPENDENCIA

Esa ruptura se produce cuando, el 19 de abril de 1775, la guarnición inglesa de Boston intenta adueñarse de un arsenal de la milicia de Massachusetts en la pequeña ciudad vecina de Concord. Los milicianos, en guardia, ofrecen una resistencia que los soldados ingleses no se esperan, lo que provoca que estos se vean obligados a volver de forma precipitada a Boston, donde la población se rebela, indignada por el episodio. Los británicos, refugiados en el puerto, empiezan en ese momento el asedio de la ciudad. Los milicianos no logran desalojarlos durante la sangrienta batalla de Bunker Hill (17 de junio de 1775) y, en enero de 1776, bombardean la flota inglesa. Humillado, el Ejército Real debe abandonar la colonia.

En Filadelfia, donde el Congreso ha vuelto a reunirse en mayo de 1775, John Adams utiliza esta escalada de violencia para respaldar sus argumentos. En su opinión, se deben tomar estos últimos acontecimientos como la prueba de que la Corona británica rechaza categóricamente las propuestas de paz de los moderados. En la primavera de 1776, progresa la postura de los independentistas en el Congreso. Mientras que Thomas Jefferson redacta la Declaración de Independencia —ayudado en su labor por otros pensadores, como John Adams—, él mismo y Benjamin Franklin terminan por convencer a los delegados más reticentes: la independencia es inevitable y permitirá dar a las colonias la fuerza necesaria para afrontar al ejército inglés y, al final, para obtener una visibilidad internacional. El 4 de julio de 1776, se aprueba la independencia y gana la apuesta de John Adams.

El comité encargado de redactar la Declaración de Independencia presenta su trabajo al Congreso. John Adams es uno de sus miembros.

Sin embargo, queda todo por hacer. En efecto, cada antigua colonia inglesa, convertida en un estado estadounidense, pretende luchar con su propia milicia y su gobierno local. John Adams tiene que desplegar de nuevo importantes esfuerzos para convencer a los distintos estados de que es fundamental mantenerse unidos frente a las tropas inglesas que desembarcan en sus costas. Finalmente, obtiene un presupuesto y una administración centralizados para coordinar la lucha. Llegado a este punto, se dedica personalmente al gabinete de guerra que financia al Ejército Continental, del que Georges Washington ha tomado el mando. El 7 de octubre de 1777, ve su esfuerzo recompensado tras la batalla de Saratoga: los ingleses, vencidos, ya no pueden aspirar a reconquistar rápidamente sus antiguas colonias. Adams, que está convencido de que no se puede explotar este triunfo sin la ayuda de Francia, se va en febrero de 1778 para negociar una alianza con el rey Luis XVI (1754-1793).

LUCHAR POR ESTADOS UNIDOS DESDE EUROPA

Aunque la idea parece buena, John Adams no se siente cómodo en Versalles. Su franqueza causa algunos torbellinos y, rápidamente, el Congreso confía las negociaciones a Benjamin Franklin, más al corriente de la sutileza francesa. Entonces, John Adams se dirige a Holanda para recaudar fondos y establece una red diplomática en Europa. Vuelve a París en noviembre de 1782 para negociar la independencia con los enviados británicos tras la victoria franco-estadounidense en Yorktown (octubre de 1781).

Una vez que se firma el Tratado de París (3 de septiembre de 1783), John Adams se toma un descanso junto a su mujer Abigail, que se ha unido a él en Auteuil. A continuación, la pareja llega a Londres, donde John Adams es nombrado embajador en febrero de 1784. Por fin, el 17 de junio de 1788, regresan a Boston para volver a encontrarse con sus hijos, y son recibidos con aclamaciones de la multitud que se amontona alrededor de su barco.

OCHO AÑOS DE VICEPRESIDENCIA

Poco tiempo después de su regreso, John Adams decide presentarse a la primera elección presidencial. Es vencido por Georges Washington, cuyo prestigio militar y su carisma le permiten amasar un número mayor de votos entre los grandes electores.

¿SABÍAS QUE...?

El presidente estadounidense no resulta elegido por sufragio universal directo, sino a través de los grandes electores del Congreso. Cada estado estadounidense cuenta con, al menos, tres grandes electores repartidos entre las dos cámaras del Congreso.

Tras su derrota, John Adams es nombrado vicepresidente, función que en ese momento se reduce a moderar los debates en el Senado. No obstante, el antiguo abogado intenta ser de alguna utilidad urgiendo al Senado para que otorgue a la presidencia títulos rimbombantes y un protocolo casi monárquico. Aunque estas peticiones contrarían los sentimientos republicanos de los senadores, el éxito de su panfleto sobre la Revolución francesa (*Discursos sobre Davila*, 1791) le permite reafirmarse como el líder de una opinión conservadora, temerosa por los excesos crecientes del Terror (1792-1794). La negativa de Georges Washington a presentarse por tercera vez le abre el camino a la candidatura para la elección presidencial de 1796 por el Partido Federalista.

UNA REVOLUCIÓN MUY CRITICADA

A menudo, se compara a John Adams con el filósofo británico Edmund Burke (1729-1797). Ambos son conservadores convencidos que rápidamente formulan críticas severas hacia el cariz que toma la Revolución francesa.

Retrato de Edmund Burke.

En 1790, es decir, solo un año después del estallido de los acontecimientos, Burke publica sus *Reflexiones sobre la Revolución francesa*. Aunque para la posteridad los *Discursos sobre Davila* de John Adams son menos conocidos, lo cierto es que obtuvieron un éxito similar al texto de Burke cuando fueron publicados en 1791.

El título escogido se inspira en la figura de Enrico

Caterino Davila (historiador italiano, 1576-1631), que a su vez es autor de una obra sobre las guerras de religión en Francia. En su ensayo, John Adams critica la revolución que sacude al país galo porque, en su opinión, ese país necesita un poder monárquico, vista su historia. Aprovecha esta plataforma para criticar el igualitarismo, de moda a ambos lados del Atlántico, y por consiguiente promueve un modelo político que aprecia: el de un sistema bicameral donde un Senado censitario mitigaría las emociones populares. También enuncia otra idea que considera muy importante: dado que los hombres están guiados por una «pasión por distinguirse», los Gobiernos deben aprovecharse de ello para estimular el desarrollo y, por lo tanto, jamás deben cuestionar las desigualdades sociales.

MOMENTOS CLAVE

LAS ELECCIONES DE 1796

Las elecciones presidenciales tienen lugar en otoño de 1796 y en ellas se enfrentan el Partido Demócrata, representado por Thomas Jefferson, y el Partido Federalista, liderado por John Adams y Alexander Hamilton (1755-1804). Consciente de que la personalidad polémica de Hamilton podría desalentar a algunos electores, el Partido Federalista elige a John Adams como candidato. Su reputación como hombre competente y moderado le reporta 77 votos de los 134 de los grandes electores. Por su parte, su amigo y contrincante del Partido Demócrata Thomas Jefferson es elegido vicepresidente.

FEDERALISTAS CONTRA DEMÓCRATAS

Durante las elecciones precedentes, los candidatos no recibían el apoyo de ningún partido estructurado y no representaban más que una sensibilidad política y una personalidad. Este funcionamiento imparcial de la democracia estadounidense solo dura un cierto tiempo, puesto que la política fiscal del secretario del Tesoro Alexander Hamilton en seguida suscita una oposición reunida en torno al principal redactor de la Declaración de Independencia, Thomas Jefferson. Ya a partir de principios de los años 1790, se forman dos partidos con visiones opuestas de lo que debe ser la democracia estadounidense.

El Partido Federalista, fundado por Hamilton, apoya la política fiscal del secretario del Tesoro, que debe financiar la construcción de un Estado federal poderoso. A favor de la centralización del poder, es socialmente conservador y su modelo político es la monarquía constitucional británica. Por el contrario, el Partido Demócrata de Jefferson defiende la autonomía de los estados federados, una amplia democratización de la sociedad y un proteccionismo favorable a los pequeños granjeros, y tiene como modelo el de la República Francesa fundada en 1792. La oposición entre los dos partidos incendia la escena política estadounidense hasta los años 1820, cuando se disuelve el Partido Federalista.

UN DESACUERDO ACALORADO CON LA FRANCIA REVOLUCIONARIA

Tras ocho años en la sombra, John Adams ve la recompensa de su trabajo al acceder a una función que, en su opinión, por fin está a su altura: la de presidente de Estados Unidos. Pero es una época agitada y la joven nación sufre de lleno una grave crisis internacional con la Cuasi-Guerra que la enfrenta a su gran aliado en el pasado, la Francia revolucionaria.

LA CUASI-GUERRA

De 1797 a 1800, Estados Unidos de América y Francia se libran una guerra no declarada, y de ahí proviene el nombre que se le asignó. Si bien la relación entre ambos Estados se ha degradado tras la deposición de Luis XVI (21 de septiembre de 1792) y la proclamación de la República Francesa, la negativa estadounidense de ayudar a Francia frente a la Europa coaligada con Gran Bretaña a partir del mes de febrero de 1793 contribuye a empeorar la situación. Pero se deben buscar los orígenes del conflicto en las consecuencias inmediatas del Tratado de París, celebrado diez años antes. Al firmar la paz con Londres, los emisarios estadounidenses han cortado de raíz la esperanza francesa de reconquistar Canadá. Además, Estados Unidos de América ha retomado de forma masiva el comercio con Gran Bretaña después de la guerra, lo que genera que Francia pierda su acceso privilegiado al mercado estadounidense. A ello también se añade la revuelta de los esclavos de la colonia francesa de Saint-Domingue, que tiene como consecuencia la expulsión de algunos de sus colonos hacia la isla de Guadalupe, donde se dedican a una piratería que exaspera a los comerciantes estadounidenses. Para apaciguar las tensiones, John Adams envía una embajada ante los dirigentes del Directorio (régimen político francés, 1795-1799). Pero es despedida por el ministro de Asuntos Exteriores Talleyrand (1754-1838), que se niega a recibirla mientras no le entreguen sobornos.

Durante dos años, ambos países se libran una guerra de corsarios en el golfo de México, siempre teniendo cuidado de no sobrepasar jamás este marco. John Adams no desconoce esto: teme un desembarco francés en las costas estadounidenses, por lo que se niega a ceder a los proyectos belicistas de Hamilton, que lo urge a apropiarse de Luisiana, una antigua colonia francesa administrada por España, que en ese momento es aliada de Francia. Finalmente, las tensiones franco-estadounidenses se calman con el Tratado de Mortefontaine (3 de octubre de 1800).

Sorprendido por el alcance de la crisis y por las pasiones que esta suscita en Estados Unidos, el segundo presidente del país reacciona con prudencia y firmeza. Sin embargo, exige a Francia que trate a Estados Unidos como una auténtica potencia y, mientras tanto, financia la construcción de una sólida flota de guerra. El presidente establece un impuesto para permitir la construcción de una decena de fragatas fuertemente armadas. Controladas por capitanes valientes, estas logran adueñarse de muchas embarcaciones francesas. Tras esto, se crea un ministerio de la Marina, algo que consagra a John Adams como padre de la potencia naval bélica estadounidense. En febrero de 1799, los esfuerzos del presidente se ven recompensados con el envío de un emisario estadounidense ante el joven primer cónsul de la República Francesa, Napoleón Bonaparte (1769-1821). Pero esta prudencia tiene repercusiones desafortunadas para John Adams en su país.

UNA VIGILANCIA ALTAMENTE CRITICADA

La circunspección que muestra el presidente se percibe en el mismo seno del Partido Federalista como la señal de un hombre de Estado miedoso y timorato. Hamilton, celoso de John Adams desde las elecciones presidenciales y ofendido por el rechazo de sus planes de guerra, descarga contra él a sus seguidores más fervientes y toma la pluma para firmar en 1800 un panfleto asesino: *Letter Concerning the Public Conduct and Character of John Adams* («Carta relativa a la conducta pública y el carácter de John Adams»).

Por su parte, los demócratas consideran que la firmeza de Adams hacia la Francia republicana es una traición a los ideales de 1776 y una lealtad escondida a Londres. En ese momento, estos últimos lanzan una campaña de prensa difamatoria contra el presidente en funciones. La exasperación de las tensiones entre demócratas y federalistas alcanza su punto culminante cuando estos últimos obtienen del presidente la firma de leyes que se estiman liberticidas: la Alien Act, que aumenta de cinco a catorce años el tiempo necesario para que un residente extranjero obtenga la ciudadanía estadounidense, y la Sedition Act, que autoriza la administración federal a encarcelar a los críticos más virulentos (una ley que jamás se aplicará, a pesar de haber sido aprobada). John Adams intenta de nuevo abordar la crisis interna mediante vigilancia, algo que no gusta a todo el mundo.

Al hacer todo lo posible para que las pasiones que envenenan a Europa no se desaten en Estados Unidos, John Adams no satisface a nadie. Para los federalistas, es un cobarde veleidoso y, para los demócratas, un aprendiz de tirano. Cuando inicia la campaña para las elecciones presidenciales, la oposición de los demócratas es exacerbada por artimañas que provienen no tanto de Adams como de los federalistas extremistas quienes, aunque pertenecen al mismo partido, socavan la autoridad del presidente. Esta hostilidad de los dos partidos hacia el presidente no hace más que mermar la popularidad de la que todavía goza John Adams en Nueva Inglaterra e, incluso, en algunos estados del sur.

UNA REELECCIÓN QUE NO RESULTA POR POCO

Lo irónico es que el Senado ratifica el Tratado de Mortefontaine la víspera de la derrota de Adams durante las elecciones presidenciales de 1801, que gana Thomas Jefferson. No obstante, el resultado es ajustado: Jefferson solo ha obtenido ocho votos de ventaja. Ahora bien, ocho grandes electores de Carolina del Sur escapan por poco a los federalistas, y el voto masivo de Nueva York a favor de los demócratas se explica por un fraude electoral orquestado por el hombre de confianza de Jefferson, Aaron Burr (1756-1836). Una vez que se firma la paz con Francia, John Adams abandona Washington —la capital que, en ese momento, se encuentra en pleno auge— tan decepcionado que no espera al traspaso de poderes con Jefferson y se retira en seguida a su Massachusetts natal.

UN BALANCE MÁS CONTRASTADO DE LO QUE PARECE

En vista de sus consecuencias sobre la política estadounidense, la crisis diplomática con Francia ocupa un lugar importante en la historia del presidente John Adams. Sin embargo, esta crisis no debe esconder otros aspectos esenciales de su acción, como la represión moderada de las revueltas fiscales o la creación de una sólida flota de guerra y el reconocimiento en la escena internacional de Estados Unidos como un actor principal. Además, su mandato se ve marcado por un fuerte crecimiento económico y un presupuesto equilibrado. Sin duda, haber sabido dirigir el Partido Federalista, dividido entre moderados y extremistas, y gobernar un país al borde de la guerra civil no son los últimos méritos de un presidente que, durante su mandato, se enfrenta a constantes ataques personales, a la enfermedad de su mujer y a la muerte prematura de su hijo Charles (1770-1800) en plena campaña presidencial.

REPERCUSIONES

Cuando abandona sus funciones, John Adams deja un país pacificado al nuevo presidente Jefferson. Estados Unidos, estabilizado por una administración en construcción, puede proseguir el destacable crecimiento demográfico y económico que lo pone en competencia directa con la antigua metrópolis británica en este final de siglo.

Unos años más tarde, cuando James Madison (hombre de Estado estadounidense, 1751-1836) sucede a Thomas Jefferson, todavía existe la tensión con Gran Bretaña, lo que llevará a una nueva guerra en 1812.

LA GUERRA ANGLO-ESTADOUNIDENSE (1812-1815)

La guerra entre Gran Bretaña y sus antiguas colonias estalla en junio de 1812. El Congreso inicia las hostilidades, exasperado por el apoyo británico a las tribus amerindias que se oponen al desarrollo estadounidense y por el embargo que impone la Royal Navy a los comerciantes estadounidenses en la Europa napoleónica. El objetivo oficial es restablecer los derechos de Estados Unidos, pero muchos también esperan poder conquistar el Canadá inglés.

El 24 de agosto de 1814, los británicos logran arrasar Washington tras una incursión y, a duras penas, se consigue detener su avance en Baltimore. Sin embargo, por el lado de Nueva Orleans, Andrew Jackson (hombre de Estado estadounidense, 1767-1845) los derrota, frenando con ímpetu a los soldados ingleses a principios del mes de enero de 1815. Mientras los combates se van estancando en tierra firme, el conflicto se extiende al mar, donde la joven Marina de guerra estadounidense consigue defenderse. Sin embargo, la Marina estadounidense, que no dispone de ningún navío de línea, no tiene los medios para preocupar realmente a la Royal Navy, reina indiscutible de los mares. Pero la fiera resistencia de los estadounidenses le debe mucho a la atención que John Adams prodiga a la Marina de guerra naciente quince años antes. Tras tres años de guerra, las dos potencias están agotadas y terminan por firmar la paz.

La obra de John Adams sobrepasa en gran medida los cuatro años de su mandato presidencial. Su compromiso apasionado por la independencia estadounidense, su búsqueda de la justicia que lo lleva a defender a soldados ingleses y la firmeza de su moderación contra los extremismos revolucionarios o conservadores lo convierten en un político que ha marcado la historia estadounidense. Su relación con su mujer Abigail revela a un hombre que escucha y que depende profundamente de un irremplazable consejero y apoyo femenino. Al igual que su esposa, John Adams se posiciona en contra de la esclavitud a lo largo de toda su vida, aunque no se compromete abiertamente durante su mandato. A pesar de las críticas, no se puede negar que la herencia que deja a Estados Unidos supera con creces el ámbito político y que, sin su indignación y su compromiso, esta nación no sería tal y como la conocemos hoy en día.

EN RESUMEN

- John Adams nace en 1735 en un ambiente modesto de la pequeña burguesía de Nueva Inglaterra.
- Asciende a la condición de personalidad importante gracias a sus estudios en el colegio de Harvard.

- Indignado por el aumento de los impuestos, se compromete políticamente a partir de 1775 para protestar contra los abusos de la administración británica.
- Tras la represión británica en Boston, se posiciona a favor de la independencia estadounidense como escritor y pensador político importante.
- En 1776, participa en la redacción de la Declaración de Independencia estadounidense en el Congreso Continental.
- Entre 1778 y 1788, John Adams lleva una vida de diplomático en Europa, donde intenta recaudar fondos y crear una red diplomática para apoyar la causa estadounidense. Es elegido vicepresidente de Estados Unidos en 1789 bajo la presidencia de George Washington y ocupa este cargo hasta 1797.
- Es elegido presidente en 1796/1797 y, durante su mandato, se esfuerza en mostrar prudencia, lo que le permite evitar que se inicie una guerra con Francia.
- Aunque se posiciona en contra de la esclavitud, jamás se compromete abiertamente con esta vía durante su mandato. No obstante, es el primer presidente estadounidense que recibe en una comida a un negro.
- John Adams muere el 4 de julio de 1856, cincuenta años después de la Declaración de Independencia. Su hijo mayor, John Quincy Adams (1767-1848), seguirá sus pasos y, muchos años más tarde, se convertirá en el sexto presidente de Estados Unidos.

¡Tu opinión nos interesa!
¡Deja un comentario en la página web de tu librería en línea,
y comparte tus favoritos en las redes sociales!

PARA IR MÁS ALLÁ

FUENTES BIBLIOGRÁFICAS

- Ferling, John. 2000. *Setting The World Ablaze*. Nueva York: Oxford University Press.
- McCullough, David. 2001. *John Adams*. Nueva York: Simon & Schuster Paperbacks.
- Pencak, William. 2000. "John Adams". *American National Biography Online*. Oxford: s. n.
- Peter, Shaw. 1976. *The Character of John Adams.* Chapel Hill: University of North Carolina Press.
- Zoltan, Haraszti. 1952. *John Adams and the Prophets of Progress*. Cambridge: Harvard University Press.

FUENTES COMPLEMENTARIAS

- Cottret, Bernard. 2003. *La revolution américaine. La quête du bonheur*. París: Perrin.
- Desbiens, Albert. 2005. *Histoire des États-Unis des origines à nos jours*. París: Nouveau monde Éditions.
- Diggins, John Patrick. 2003. *John Adams*. Nueva York: Times Books.
- Edward, J. Larson. 2007. *A Magnificent Catastrophe. The Tumultuous Election of 1800. America's First Presidential Campaign*. Nueva York: Free Press.
- Fohlen, Claude, Jean Heffer y François Weil. 1997. *Canada et États-Unis depuis 1770*. París: Presses Universitaires de France.
- Fohlen, Claude. 1989. *Les pères fondateurs de la révolution américaine*. París: Albin Michel.

- Goffinon, Jean-Paul. 1996. *Aux origines de la révolution américaine: John Adams. La passion de la distinction.* Bruselas: Éditions de l'université de Bruxelles.
- Kaspi, André. 1986. *Les Américains. Naissance et essor des États-Unis (1607-1945).* París: Seuil.
- Kaspi, André. 2013. *La révolution américaine (1763-1789).* París: Gallimard.

FUENTES ICONOGRÁFICAS

- Retrato de John Adams. La imagen reproducida está libre de derechos.
- Retrato de Abigail Adams. La imagen reproducida está libre de derechos.
- El comité encargado de redactar la Declaración de Independencia presenta su trabajo al Congreso. John Adams es uno de sus miembros. La imagen reproducida está libre de derechos.
- Ilustración del Boston Tea Party en la que se ve cómo los habitantes de Boston tiran el té al mar. La imagen reproducida está libre de derechos.
- Retrato de Edmund Burke. La imagen reproducida está libre de derechos.

SERIE

- *John Adams* Serie de televisión dirigida por Tom Hooper, con Paul Giamatti, Laura Finley y David Morse. Estados Unidos: 2008.

en50MINUTOS.es
Historia
Economía y empresa
Coaching
Book Review
Salud y bienestar
EL DIAGRAMA DE ISHIKAWA
LA GUERRA DE PALESTINA DE 1948
DOMINA EL ARTE DEL NETWORKING